Virgen y Madre

Virgen y Madre

Reflexiones bíblicas sobre María de Nazaret

VIRGILIO ELIZONDO

LIBROS
LIGUORI
One Liguori Drive ▼ Liguori, MO 63057-9999

Imprimi Potest:
Richard Thibodeau, C.Ss.R.
Provincial de la Provincia de Denver
Los Redentoristas

Librería del Congreso número
de la tarjeta del catálogo: 2002117251
ISBN 978-0-7648-1040-4

Propiedad Literaria © 2003, Libros Liguori
Primera edición 1983
Impreso en Estados Unidos
11 12 13   5 4 3

Libros Liguori agradece a ICLM por permitirnos utilizar los dibujos de Hector Castellanos Lara contenidos dentro del libro.

Todas las citas biblicas han sido tomadas de la *Biblia de América*, cuarta edición, 1994.

Para pedidos, llame al 800-325-9521
www.liguori.org

INDICE

María, nuestra co-salvadora con Jesús

María siempre ha tenido un lugar de importancia singular en la tradición cristiana. Desde los corazones de los fieles, movidos por el impulso del Espíritu y por esa función interior que da el Espíritu a todos los creyentes, ha nacido, se ha proclamado y se ha transmitido la enseñanza de María como Madre de Dios y Madre nuestra y la conciencia de los fieles, no se ha dejado desviar por las especulaciones de los teólogos o aún de los obispos a través de los siglos. El conjunto de los fieles siempre ha intuido en María un lugar privilegiado tanto de la Revelación de Dios para nosotros como de nuestra salvación.

El mismo Nuevo Testamento da testimonio de esto. En el principio, se proclamaba solamente que a Jesús se le había crucificado pero que Dios le había resucitado. Aún San Pablo, no habla de María como tal. Jamás la menciona por su nombre. Pero en cuanto la comunidad cristiana comienza a esforzarse a recapturar y a penetrar el significado del Misterio de Cristo vivido y revelado por Jesús de Nazaret, se da cuenta que no puede conocer y apreciar ni a Jesús ni a su obra redentora sin incluir a María. Por eso, cada Evangelio (hablando en orden cronológico) añade algo y profundiza el papel de María en la obra salvífica de Cristo.

A mí personalmente, me da muchísima lástima que algunos parecen tenerle miedo a María, como si estuviera en competición con Cristo. Es todo lo contrario. Jamás conocerán la totalidad del misterio de Cristo, según el Nuevo Testamento, si no ponen atención a María que aparece precisamente en este Nuevo Testamento como compañera íntima de Cristo en su obra redentora, pues ella compartió su sufrimiento redentor desde el principio hasta el fin.

Desde los evangelios, nos atrevemos a deducir que históricamente María aparece como la compañera esencial de Jesús en su obra redentora. Ella forma una parte muy especial del Cuerpo de Cristo, la Iglesia. Si Cristo es la cabeza, María es ciertamente el corazón.

¿Por qué nos atrevemos a hacer esta afirmación? Por qué desde el principio hasta el fin María comparte el escándalo y el sufrimiento de su hijo Jesús.

En estas meditaciones queremos caminar con María, la joven de Nazaret, en su aventura de fe, en su humanidad ella se muestra solidaria de nuestra condición humana en todo sentido. En su ejemplo de seguimiento fiel de Jesús hasta el extremo, podemos decir que es nuestra madre pues el buen y entusiasta ejemplo siempre engendra discípulos. Así pues el seguimiento fiel de su hijo hasta el extremo, ella engendra nuevos discípulos al seguimiento del camino de su Hijo. En su sufrimiento con y por Jesús, podemos afirmar que ella es verdaderamente la corredentora del mundo. Y en la espontaneidad y entusiasmo del Espíritu que nos impulsa a nuevos e imprevistos conocimientos que vienen solamente por la revelación de Dios y no por razonamientos humanos, podemos aclamarla y confesarla como verdaderamente la Madre de Dios.

Esta aclamación no es el producto del razonamiento humano sino el grito de fe del corazón transformado y la inteligencia iluminada por el Espíritu de Dios.

Este pequeño libro no pretende ser una obra doctrinal ni un catecismo sobre María. Pues solamente el Magisterio de la Iglesia tiene la autoridad de hablar oficialmente en nombre de la Iglesia. Pero tampoco es simplemente una opinión a la loca por buena o mala que pueda ser. Es el producto de una serie de ejercicios con mujeres pobres y ordinarias, viudas, solteras, madres, que en comunidad y desde su experiencia específica de la vida y de la fe, me han ayudado a descubrir la función salvífica y liberadora tanto en la historia como en nuestra vida de María de Nazaret. Desde estos ejercicios se sigue confirmando la afirmación evangélica de Jesús. "En aquel momento, el Espíritu Santo llenó de alegría a Jesús, que dijo: —Yo te alabo, Padre, Señor del cielo y de la tierra, porque has ocultado estas cosas a los sabios y prudentes y se las has dado a conocer a los sencillos. Sí, Padre, así te ha parecido bien" (Lucas 10,21). Hablar de Dios desde la lectura del Evangelio, y en diálogo con nuestra condición concreta de la fe es la producción de teología más tradicional y más auténtica en la vida de la Iglesia, la comunidad de fe buscando el significado de su vida actual de fe. En este sentido, estas meditaciones sencillas son una obra verdaderamente teológica y esperamos sea liberadora para todos los corazones afligidos que lean y mediten estas reflexiones.

María fue una mujer ordinaria que nos enseña a vivir los momentos penosos y difíciles de la vida de manera totalmente extraordinaria. El miedo no la paraliza y el escándalo humano no la atemoriza. Acepta la voluntad de Dios, aún cuando no la entiende y se pone de pie con gran dignidad al lado de su hijo crucificado, aún cuando todos lo habían condenado como un criminal subversivo.

Para descubrir la fuerza liberadora de María en el Nuevo Testamento, es necesario primero reconocer como el mundo en su pecado ha pervertido lo sagrado de lo femenino y deidificado exclusivamente lo masculino, sólo el hombre parece revelar a Dios y no la mujer. Hablamos de Dios siempre en términos masculinos y nos suena mal hablar de Dios en términos femeninos. En la opresión del pecado, la mujer y todo lo femenino se ha convertido en objeto, ya sea de placer o de servicio a la disposición del hombre. La mujer aparece mas como la sirvienta del hombre que como la compañera que Dios le dio. Dios creó al hombre y a la mujer igual, pero el hombre en su pecado ha reducido a la mujer y a todo lo femenino a una condición de inferioridad o de utilidad.

Desde esta confusión pecaminosa, en María aparece la rehabilitación total de lo femenino y más aún, la revelación de lo femenino de Dios, el rostro maternal de Dios. Como dijo el Papa Juan Pablo I en su última audiencia general: "Yo creo que Dios es aún mas madre que padre".

En ella, lo reducido y violado por el mundo, una mujer encinta y padre desconocido, aparece pura e inmaculada fecundada por el Espíritu Santo. Pues lo que el mundo en su pecado puede violar y prostituir, Dios en su amor, misericordia y poder infinito puede verdaderamente virginizar y así mantener puro e inmaculado. Para Dios nada es imposible. Lo que el mundo trata de violar, Dios puede totalmente rehabilitar. La disponibilidad absoluta de María a la voluntad de Dios aún si el mundo la pudiera apedrear a muerte por estar encinta sin padre conocido, forma el vientre que el Espíritu Santo fecundizara para iniciar el comienzo de la Nueva Creación.

Así pues, lo que el mundo ha convertido en objeto de placer, Dios convierte en el primer Tabernáculo, el primer Sagrario, de la presencia de Dios hecho hombre. El vientre de María pasa a ser el Primer Tabernáculo de la presencia de Dios entre nosotros. Así Dios rehabilita y lo profanado del mundo pasa a ser lo sagrado de Dios.

El mundo y en particular los Estados Unidos han cambiado muchísimo en los últimos años. Este país sigue recibiendo un gran número de personas de varios países y ellas son pruebas vivientes de la diversidad de la Iglesia. Sin embargo al llegar a este país una persona puede quedar confundida con la vida diaria y los valores diferentes que guían a la gran mayoría de los estadounidenses. Uno quiere aprovechar las oportunidades que hay y al mismo tiempo uno no quiere perder ni su cultura ni su espiritualidad. También una persona corre el riesgo de adaptar los valores del país anfitrión sin discernir lo bueno de lo malo. La fe puede ayudar a alguien anclar la vida diaria en el misterio pascual. La vida de María es un recordatorio de lo que pueda pasar cuando una persona abraza el camino de vida confiando que el plan de Dios se cumplirá cuando se adelanta con fe en Dios.

Esperamos que estas meditaciones les ayuden a profundizar, a conocer y apreciar más El Misterio Glorioso de la acción de María como corredentora del mundo con su hijo Jesús.

Virgilio Elizondo
La Anunciación del Señor
25 de marzo 2003

CAPITULO I

La estrella

*Sea ella, la estrella de la evangelización siempre renovada,
en la que la Iglesia dócil al mandato el Señor, promueva y
realice, sobre todo en estos tiempos difíciles pero llenos de
esperanza.*

PABLO VI

En las últimas palabras de *Evangelii Nuntiandi*, Pablo VI hace referencia a María. En la Letanía de Loreto, como ustedes recuerdan, una de las advocaciones de María es el de estrella de la mañana.

Hay una gran riqueza significativa dentro de esta imagen simple y bella. La estrella de la mañana anuncia la venida del amanecer. Marca el término de la noche y el comienzo de la luz. Introduce al sol que es la fuente de luz, calor y vida.

María tiene este mismo papel con relación a Cristo. Ella es la mujer escogida especialmente por Dios para anunciar que comenzaba la nueva creación de luz, amor y vida. Pero no será ese su único rol. Está llamada a ser y a hacer mucho más.

Dios escogió a una simple desconocida mujer de Nazaret para ser la madre de su Hijo. Así no meramente anunciaría, sino for-

13

maría en su seno a la nueva fuente de luz, de amor y vida. Dentro de ella, Dios quien es amor sin límites, se haría humano.

Desde tiempos inmemoriales, los cristianos han guardado un gran amor y reverencia a María como Madre de Dios y madre nuestra. Los primeros cristianos se dieron cuenta de que no podían conocer y apreciar a Jesús, sin tomar en cuenta a María. Ella aparece no solamente en los cuatro evangelios, sino también en los Hechos de los Apóstoles y el Apocalipsis.

En el Nuevo Testamento, María es como una joya rara y preciosa que no aparece frecuentemente, pero cuando lo hace, es de manera tan radiante y bella que enamora inmediatamente y no se le puede olvidar.

Algunos no están de acuerdo. Piensan que al dar énfasis a María, negamos algo de Cristo. ¡Qué ridículo! Mientras más conozco a los padres de mis amigos, más aprecio a éstos. El conocimiento y aún la veneración a los padres de mis amigos, engrandece y enriquece nuestra amistad.

Si nosotros como católicos no hemos vacilado en aprender de los protestantes acerca de la Biblia, espero y deseo que los protestantes puedan aprender de nosotros acerca del amor de María. Después de todo, ¿no es la madre la que forma el centro natural de la unidad de la familia? ¿Se concretará el ecumenismo sin la experiencia de una madre común?

Exploraré por ello algunos aspectos de María en la vida de la Iglesia, comenzando con el Nuevo Testamento, a través de la tradición cristiana, hasta llegar a las devociones de hoy.

"En la mañana de Pentecostés, ella presidió con su oración el comienzo de la evangelización bajo el influjo del Espíritu Santo. Sea ella, la estrella de la evangelización siempre renovada en la que la Iglesia, dócil al mandato del Señor, promueva y realice, sobre todo en estos tiempos difíciles pero llenos de esperanza". (Pablo VI, *Evangelii Nuntiandi*, 8 de diciembre de 1975).

CAPITULO II

La sabiduría de Dios

"(Jesús) es la piedra rechazada por ustedes, los constructores,
que se ha convertido en piedra fundamental".

HECHOS 4,11

Comenzaremos a hablar de María, tal como ella aparece en el Nuevo Testamento. Desde el principio es muy importante clarificar que no podemos comprender el mensaje de la Biblia según la sabiduría, la razón y los criterios de la humanidad. Es cierto que Dios creó al hombre y a la mujer a su propia imagen y semejanza, pero la humanidad se rebeló contra Dios y creó su propia forma de vida basada en la avaricia, el celo, las mentiras y los asesinatos.

En la Carta a los Romanos, declara San Pablo: "No hay ni siquiera un justo, no hay uno solo que entienda, no hay quien busque a Dios. Todos andan extraviados, todos están pervertidos. No hay ni uno que haga el bien. Sepulcro abierto es su garganta, fuente de engaños su lengua. Y No conocieron el camino de la paz; ni hay temor de Dios ante sus ojos" (Rom 3,11-18).

El plan de Dios para la salvación de la humanidad, no consiste solo en hacer reformas dentro del orden mundial corrupto y confuso, sino que el amor creador de Dios hará la recreación completa de los seres humanos y también de la sociedad. Se asentarán criterios de juicio, valores fundamentales de motivación, conocimiento y aun religiones más sagradas de la humanidad. Los caminos de Dios no son los caminos de la humanidad pecadora.

La clave para entender los caminos de Dios como se nos presentan en la tradición judeo-cristiana, es el poder creador y transformador del amor, sin límites ni condiciones. Dios es amor y nos invita a amarnos los unos a los otros de la manera que solo Dios puede amar. Dios no espera que primero le amenos y no deja que su amor dependa de nuestra respuesta. Dios viene a nosotros para permitirnos ser amados, aún antes de que le conozcamos o tengamos una idea de su amor.

Para un mundo cuyos caminos de acción, valores, ideas básicas y aun las prácticas religiosas se han desarrollado dentro del contexto del pecado, los caminos de Dios parecen muchas veces confusos, ridículos y aun escandalosos. En esta confusión, los conceptos del mundo infiltrados y condicionados por las prioridades y los valores del pecado, condenarán muchas veces a las mismas víctimas de su explotación como pecadores públicos sin ningún valor. Con esta mentalidad, los profetas del camino del amor de Dios, aparecerán como los que vienen a perturbar "la ley y el orden" y serán condenados a muerte como criminales subversivos. Lo mismo les pasó a los profetas del Antiguo Testamento, a Jesús y también a los profetas auténticos de la historia. Esto sigue pasando en nuestros días. El mundo pecador rechaza, lucha en contra y busca silenciar a los que viven y proclaman los caminos del Dios del amor.

Desde el principio de la intervención de Dios en el proceso histórico de la humanidad, Dios entra a nuestro mundo para ver la aflicción de los que sufren, para escuchar los lamentos de los oprimidos, para rescatarlos de su miseria (Éxodo 3,4-10). Dios quiere que la humanidad viva en paz y Dios no se mantiene apartado mientras que los caminos de la humanidad causen sufrimiento, explotación y muerte. Para entender bien la novedad radical y la buena nueva increíble de la Biblia, es importante leer las Escrituras desde la perspectiva de los que sufren, de los rechazados, y los necesitados, porque es desde los pobres del mundo, los que han sido humillados, golpeados y marginados por los poderosos, que Dios comienza la nueva creación.

En uno de los primeros sermones de Pedro, después de Pentecostés, leemos: "El es la piedra rechazada por ustedes, los constructores, que se ha convertido en piedra fundamental" (Hechos 4,11). Lo que el mundo rechaza según su propia sabiduría, Dios lo elige para comenzar la nueva creación. Comenzando con los rechazados del mundo, Dios revela la verdad más profunda de su creación y su plan para la paz: cada persona, independiente de lo que el mundo diga de ella, es imagen de Dios y por eso es de valor infinito. Es desde esta perspectiva que reflexionaremos sobre María la madre de Dios.

CAPÍTULO III

La anunciación

José, su esposo, que era justo y no quería denunciarla, decidió
separarse de ella en secreto.

MATEO 1,19

María escucha el saludo del ángel: "Dios te salve, llena de gracia, el Señor está contigo. Al oír estas palabras, ella quedó desconcertada y se preguntaba qué significaba tal saludo (Lucas 1,29). Para ella, fue un momento de crisis. Uno de esos momentos raros de la vida, en los cuales nos pasan cosas totalmente inesperadas y nos encontramos turbados sin saber que hacer. María tuvo miedo. Estoy seguro que como cualquier otra persona, sintió pánico y la tentación de correr. Pero no permitió que el temor la dominara. Pero cuando comprendió lo que se le pedía, nuevamente se sintió turbada. ¿Cómo puede ser que llegue a ser madre, cuando no ha tenido ninguna relación con ningún hombre? ¿Está Dios pidiéndole ser madre fuera del matrimonio?

Es importante notar que el ángel habla con María y no con su familia, amistades o comunidad. Hoy para nosotros, los creyentes, el hecho de que Jesús fuera concebido por el Espíritu

Santo, es un suceso maravilloso. Ciertamente, las generaciones la llamaron bendita y contaron sus alabanzas, ¿mas que dirá su propia generación? Se pueden imaginar lo que esto significó para María. ¿Fue verdad que vio al ángel? ¿Soñaría? ¿Quizás se convertiría en una pesadilla? ¿Cómo se lo podría explicar a su familia? ¿Le creerían? Aún el justo José pareció escandalizarse (Mateo 1,19). ¿Sería apedreada a muerte? ¿Se burlarían de ella, la insultarían y la considerarían una prostituta?

¿Porqué debía Dios escoger su nacimiento humano de esta manera tan única, milagrosa para los creyentes pero escandalosa y pecaminosa para los incrédulos?

Para mí, la concepción virginal de Jesús es mas grandiosa y bella que la propia creación del mundo. Es más fácil crear de la nada que limpiar totalmente la reputación manchada de una persona. Una vez que alguien es acusado de algún mal o crimen, esa mancha lo marcará para siempre, por el resto de su vida. Bastardo y prostituta son palabras repugnantes y desagradables en nuestra sociedad y tales personas son rechazadas, muchas veces, por el resto de sus vidas.

En la concepción virginal de Jesús, Dios afirmó dos verdades fundamentales de nuestra vida humana. La primera es que la vida humana y no importa que tan sagrado o que tan vergonzoso haya sido su origen, pues en sí misma es un don divino, una bendición para las demás personas. Prescindiendo de cómo fue concebida, cada persona es siempre sagrada, creada a imagen y semejanza de Dios. Después de todo, ¿la vida no proviene de Dios?

La segunda es, que lo que el mundo explota, abusa, ridiculiza y luego condena, Dios lo mantiene santo e inmaculado. El mundo pecador, no vacila en llamar "pecadores públicos" a las víctimas de su propio crimen. Sin embargo, Dios que conoce el corazón del hombre y la mujer, sabe perfectamente sobre la identidad y dignidad de cada persona. Por supuesto, si el mundo incrédulo puede fácilmente condenar a María como prostituta, Dios puede aclamarla como Virgen Madre de su Hijo. Así es, la Buena Nueva de la nueva creación comienza con la anunciación. No es debido a criterios ni rótulos de un mundo pecador y confuso que podemos medir la verdadera naturaleza de las personas humanas, sino solamente a través de Dios. Tu vida y la mía a pesar de su origen, es sagrada y no cuenta lo que el mundo diga de ti ni de mí, sino sólo lo que Dios te proclama es verdad. Toda vida humana, porque es vida, es sagrada imagen de su creador. Esta es su dignidad fundamental y su palabra infinita.

CAPITULO IV

El nuevo tabernáculo

El Espíritu Santo vendrá sobre ti y el poder del Altísimo te
cubrirá con su sombra; por eso, el que va a nacer será santo
y se llamará Hijo de Dios.

Lucas 1,35

El Nuevo Testamento está lleno de sorpresas inesperadas. ¡No se les olvide! No es un mensaje de reformas y buenas obras, sino el anuncio del comienzo de la nueva creación. Inicia un modo de vida con sistemas de valores y normas de juicio radicalmente nuevos.

En los tiempos del Antiguo Testamento, el Templo era un signo visible de la presencia protectora y liberadora de Dios entre el pueblo elegido. Había una nube sobre el Templo que indicaba la presencia de Dios. El Templo en Jerusalén era el monumento más sagrado y venerado del pueblo judío.

María lleva a la perfección la fe y la confianza en Dios, las cuales eran la fuente de toda vida para los pobres del Antiguo Testamento. Ella es presentada en el Evangelio de San Lucas, como la mujer con miedo y confusión, pero que no permite que los momentos difíciles e inciertos, le priven aceptar la misión de Dios. Con su respuesta confiada a la llamada de Dios, germina una nueva vida. Porque María acepta la invitación desafiante Dios a través del ángel, se asegura que: "el que va a nacer será santo y se llamará Hijo de Dios" (Lucas 1,35). Con esto comienza la nueva creación. En el pasado, Dios había estado presente simbólicamente en el Templo construido por manos humanas. Ahora, Dios llega a estar plenamente presente en el templo creado por él mismo, para dar morada a lo que sólo es profundamente sagrado: la vida humana. El vientre de María se hace tabernáculo primario de la presencia humana de Dios. Las mismas palabras que fueron usadas en el Antiguo Testamento para indicar la presencia de Dios en el Templo, ahora se usan con referencia a María: "El Espíritu Santo bajará sobre ti y la fuerza del Altísimo te cubrirá con su sombra" (Lucas 1,35; Éxodo 40,34; 1 Reyes 8,4; Ageo 2,7).

María, la fiel y confidente esclava de Dios, se hace el primer tabernáculo de la presencia actual de Cristo en mundo, "porque *para Dios nada hay imposible*" (Lucas 1,37). El hecho no solamente marca el comienzo histórico de nuestra redención. También tiene impacto poderoso liberador en nuestro mundo contemporáneo.

El aspecto más misterioso y sagrado de las personas humanas es que, tal como Dios, también pueden entrar en relaciones interpersonales íntimas y así crear una nueva vida. No hay nada más bello ni más místico que una pareja casada, que por amor sincero, se den totalmente uno al otro. Esta unión, es en sí misma la imagen bíblica del amor infinito de Dios por la humanidad. En su sabiduría Dios ha querido que esta unión amorosa pudiera ser encarnada e inmortalizada en la concepción de los hijos.

Sin embargo, la humanidad pecadora ha confundido y aún pervertido la santidad de esta unión. Muchas veces, deja de ser un signo y una expresión del amor sincero y se reduce a una fuente de sensualidad y placer. Muchas veces, se relaciona a la mujer con la atracción sexual y entonces se le ve como un objeto de placer para lo hombres. Los mercaderes no temen vender a las jóvenes guapas como prostitutas y el sexo llega a ser un producto de compra y venta. El abuso es tan grande que aún las personas buenas comienza a considerar al sexo como cosa inmoral y a las partes más sagradas del cuerpo como indecentes.

Con la encarnación, Dios comienza el cambio total de los valores humanos que han sido confundidos por el pecado. Jesús al ser concebido en el vientre de María, manifiesta la santidad auténtica de la mujer. Cuando las mujeres llevan una vida nueva dentro de sus vientres, son también tabernáculos de lo sagrado, porque toda vida humana es a imagen de Dios y por ende sagrada. No hay templo ni tabernáculo construido por manos humanas que sobrepasen la belleza y la dignidad del vientre que lleva una vida nueva.

Así como toda vida humana es sagrada a pesar de su origen, también cada mujer que lleva dentro de sí misma una vida es un tabernáculo vivo del Altísimo. Lo que nosotros los cristianos decimos tan alegremente acerca de María: "Bendito es el fruto de tu vientre Jesús" (Lucas 1,42), también podemos decirlo con la misma alegría acerca de cada mujer: "Bendito es el fruto de tu vientre, la vida humana".

CAPITULO V

La visitación

Por aquellos días, María se puso en camino y fue de prisa a la
montaña, a una ciudad de Judá. Entró en casa de Zacarías
y saludó a Isabel".

LUCAS 1,39-40

E n el momento mismo que María descubrió que iba a ser madre, también recibió la noticia que su prima, Isabel, también
había concebido: "Mira, tu pariente Isabel también ha concebido
un hijo en su vejez, y ya está de seis meses la que todos tenían por
estéril; porque *para Dios nada hay imposible*" (Lucas 1,36-37).
No es raro que Dios nos dé señales visibles de su intervención directa. Los pastores fueron notificados que había nacido
el Salvador y que la señal sería un niño acostado en un pesebre.
Cuando los discípulos de Juan Bautista quisieron saber si Jesús era
el verdadero Mesías, él los envió a Juan para decirle todo lo que
habían visto. El Señor Resucitado, comisionó a María Magdalena
para que le dijera a los discípulos que fueran a Galilea en donde
verían al Resucitado. Al principio del cristianismo las personas se
hacían cristianas debido al amor que los cristianos se profesaban
los unos a los otros.

25

Seguramente María quería ver la señal de la que el ángel le habló. Eso clarificaría toda duda que ella tuviera en su mente acerca de lo que le estaba pasando. Pero no necesitaba hacer un viaje peligroso, por los cerros llenos de bandidos, por el solo hecho de ver la señal. Es cierto que tales noticias, hubieran llegado pronto y habrían confirmado o negado el mensaje del ángel. Sin embargo, el Evangelio nos dice que María salió de prisa a visitar a su prima. No se le dijo que fuera, sino que ¡ella quiso ir! No perdió tiempo en salir. Lo maravilloso de la salida rápida de María hacia Judea es que ella se da cuenta de la necesidad en que está su prima e inmediatamente ignora sus propias preocupaciones y miedos acerca de su condición y aún de su fama y se pone al servicio de Isabel. Quería acompañar a su prima en su hora de necesidad.

Tantas cosas pudieron haber movido a María a cuidarse ella primero. Acababa de concebir y estaba en las primeras etapas del embarazo. Su hijo iba a ser una persona de gran importancia; entonces tenía la obligación de cuidar su vida. Era su primer hijo y ella estaba muy delicada. Era joven y probablemente sin mucha experiencia para ayudar a otras mujeres embarazadas, especialmente a las mayores, que tal vez desarrollarían fácilmente complicaciones.

Aún más serio, era que Isabel y Zacarías eran de la clase sacerdotal. Eran gente santa y temerosa de Dios. ¿Creerían su propia historia acerca de su hijo, producto del Espíritu Santo o se escandalizarían por su condición y lo atribuirían a fuentes humanas ordinarias? El ángel no le había dicho nada a Zacarías ni a Isabel, acerca de la concepción de María, por lo menos las Escrituras no lo dicen. ¿Se enojarían? ¿La denunciarían? ¿La echarían fuera de la casa?

Había tantos riesgos y peligros, que habría sido mucho más seguro quedarse en la casa. Pero ella no deja que cualquier buena razón de la conciencia ordinaria la separe del amor y preocupación que siente por su prima Isabel. Se olvida de sí misma y va hacia la otra persona que está en necesidad.

Al llegar, su generosidad desinteresada se recompensa más allá de toda expectativa. Su presencia lleva nueva vida a la casa de Zacarías: el niño en el seno de Isabel salta de alegría y Isabel se llena del Espíritu Santo y grita: "Bendita tú entre las mujeres y bendito el fruto de tu vientre. Pero ¿cómo es posible que la madre de mi Señor venga a visitarme? Porque en cuanto oí tu saludo, el niño saltó de alegría en mi seno. ¡Dichosa tú que has creído! Porque lo que te ha dicho el Señor se cumplirá" (Lucas 1,42-45).

Sí, porque ella había creído mas allá de toda razón humana, sería bendita por las generaciones sucesivas. El comienzo era difícil, confuso, perturbador, pero al final habría mucha alegría, más allá de toda expectativa humana. Porque ella se olvidó de sí misma y de sus propias necesidades y no dudó en ayudar a su prima necesitada,

¡María misma se hace la fuente de nueva vida y alegría para todos! Ella es la primera que lleva a otro, la plena alegría y bendición del Evangelio, la persona de Cristo mismo. Cuando nos olvidamos de nosotros y nos dedicamos al servicio de los demás, de los más necesitados, nos hacemos portadores de vida nueva hacia los demás y al mismo tiempo somos bendecidos y recompensados por Dios más allá de toda expectativa.

CAPITULO VI

El magnificat

Derribó de sus tronos a los poderosos y engrandeció a los
humildes.

LUCAS 1,52

El Magnificat, es el himno de alabanza de María. Es una de las
proclamaciones más bellas y emocionantes del Nuevo Testamento que expresa la alegría espontánea del corazón humano que
ha experimentado a Dios. La experiencia de Dios, en lo profundo de nuestro ser, nos
mueve a gritar de alegría pero nuestras exclamaciones no están vacías, confusas ni misteriosas; al contrario, nos mueven a
proclamar la verdad acerca de la persona humana, la sociedad y
Dios, una verdad que no resulta de la sabiduría humana, sino de
la iluminación divina. Las palabras son tan bellas y poéticas como
penetrantes y reveladoras.

Hay tres proclamaciones muy impresionantes en el Magnificat.
La primera se trata de la identidad propia de María. Dentro del
orden establecido, María es una de las oprimidas, de las pobres,
de las humildes, de las afligidas y de las marginadas. Ella es una de
las rechazadas que viven en la periferia de la sociedad. Su grandeza

no está en sus acontecimientos terrestres, sino en el hecho de que, desde su nada, ella confió en Dios y aceptó la palabra de Dios acerca de Jesús (Lucas 1,38-45). "Dichosa tú que has creído! Porque lo que te ha dicho el Señor se cumplirá" (Lucas 1,45). Ella que se consideraba humilde e indigna por la sociedad, ahora reconoce su verdadera identidad. De esta manera comienza el reverso de los valores humanos. Ella que ha experimentado el rechazo, ahora se alegra en su divina elección: "Entonces María dijo: Mi alma glorifica al Señor, y mi espíritu se alegra en Dios mi Salvador, porque ha mirado la humildad de su sierva. Desde ahora me llamarán dichosa todas las generaciones" (Lucas 1,46-48). En su infinita misericordia, Dios lleva a cabo algo más difícil y más fascinante que la creación misma. ¡Se rehacen los seres humanos y se revierte su reputación! Los que habían sido humillados por la sociedad, ahora se ven y se experimentan de una manera nueva. Su nada y su indignidad desaparecen y ahora sí, pueden alegrarse de su nueva identidad como los elegidos de Dios. Todo esto marca el comienzo de la nueva creación.

El segundo punto del Magnificat, es que María proclama las características esenciales de la nueva vida que vendrá al mundo cuando su hijo nazca. Ella es la primera que anuncia el tema de la reversión, que será el elemento fundamental a través de todo el Evangelio.

En el Reino de Dios, habrá un reverso intelectual y moral. Los soberbios, los manipuladores y los sabios de este mundo serán confundidos: "Actuó con la fuerza de su brazo y dispersó a los de corazón soberbio" (Lucas 1,51). También habrá un reverso político: "Derribó de sus tronos a los poderosos y engrandeció a los humildes" (Lucas 1,52). Por fin, habrá un reverso económico: "Colmó de bienes a los hambrientos y a los ricos despidió sin nada" (Lucas 1,53).

El Salvador del mundo vendrá a liberar a todos los hombres y mujeres de la esclavitud. Los seres humanos creados a imagen de Dios. Somos llamados a la libertad. Pero no podemos ser libres cuando estamos esclavizados por tener más de lo que necesitamos, ni aún por no tener lo que se necesita para una verdadera existencia humana. Entonces, los que han sufrido la esclavitud miserable de tener demasiado, serán liberados al desligarse, mientras que los que han sufrido porque habían sido condenados a una existencia infrahumana, serán liberados para obtener lo que les falta. Esta nueva humanidad será el templo vivo del Reino de Dios.

Finalmente, con los versos 47 a 50 del capítulo 1 de Lucas, María proclama la fidelidad de Dios a sus promesas. Dios es misericordioso a los que le temen, a los que ponen toda su confianza en los caminos de Dios antes que en los caminos de la humanidad pecadora. Con la misericordia de Dios comienza el reverso de los caminos de este mundo que producen la miseria humana. Es dentro de la experiencia de este reverso misericordioso, que nuestros corazones experimentan la alegría mas profunda que pueda sentirse. De esta manera somos capaces de hacer nuestras las palabras de María:

"Mi alma glorifica al Señor, y mi espíritu se alegra en Dios mi Salvador, porque ha mirado la humildad de su sierva. Desde ahora me llamarán dichosa todas las generaciones, porque ha hecho cosas grandes el Poderoso. Su nombre es santo, y su misericordia es eterna con aquellos que lo honran" (Lucas 1,47-50).

CAPITULO VII

Madre inmigrante

Levántate, toma al niño y a su madre, huye a Egipto y qué-
date allí hasta que yo te avise; porque Herodes va a buscar
al niño para matarlo".

MATEO 2,13

La tradición cristiana, ha dado a María muchos títulos muy bellos pero, por alguna razón u otra, nunca he oído llamarle "madre inmigrante". Sin embargo en el Nuevo Testamento, sabemos que María era inmigrante y más probablemente una indocumentada.

Dos veces en las narraciones infantiles, María es forzada a emigrar. La primera vez es cuando ella y José tienen que irse de Nazaret a Belén durante los últimos días de su embarazo, para registrarse en el censo (Lucas 2,5). ¿Pueden ustedes imaginarse el trauma? La pareja recién casada, que no había tenido aun un hijo, tiene que pasar por los caminos llenos de ladrones y llegar a una parte del país donde ellos, como galileos serían considerados inferiores y probablemente serían ridiculizados y aún segregados. Los judíos consideraban a los galileos como ignorantes, mal educados e impuros. Si ellos tuvieron algún familiar o amigo allá, el Nuevo

Testamento no nos da ningún signo de que le hubiesen dado la bienvenida a María y José. Al parecer estaban totalmente solos, mientras buscaban un lugar donde María pudiera dar a luz. Tuvo que ser un viaje muy solitario y amenazante, como el de los pobres cuando tienen que trasladarse de una parte a otra del país.

Poco después de que nació el niño, otra vez, la pobre pareja de Galilea tuvo que emigrar, esta vez a un país extranjero (Mateo 2,13-23). ¿Pueden ustedes imaginarse y apreciar su agonía al tener que trasladarse a una tierra lejana, con costumbres distintas, lugares extraños e idioma desconocido? Es verdad que había algunos judíos que prosperaban en Egipto, pero todavía permanecía allí la memoria dolorosa de su previa esclavitud y de la matanza de los recién nacidos. ¿Se repetiría todo esto? ¿Dónde vivirían ellos? ¿Encontrarían empleo?

Personalmente, he visto esta agonía de José y María con su hijo en las incontables parejas jóvenes que tiene que emigrar a los Estados Unidos desde Asia, África, México, Haití, República Dominicana y otros países pobres del mundo. También, emigran por el miedo de que si se quedan ellos y sus hijos podrían morir por las fuerzas reinantes de su propia sociedad. Todavía hay muchos Herodes en la sociedad moderna que, por medio del aborto, la desnutrición, la construcción deficiente de casas y la falta de condiciones sanitarias, condenan a muerte, no sólo a los niños sino también a la mayoría de las sociedades. Sin embargo, cuando estas personas emigran para sobrevivir y tener la oportunidad de buscar una existencia digna, frecuentemente están condenados como criminales en el país huésped. Y aún cuando logran quedarse en el nuevo país, en el mejor de los casos, son tolerados pero no aceptados. Si algo malo sucede en la comunidad inmediatamente se sospecha de los extranjeros. Muchas veces son ridiculizados, segregados e insultados.

Aún peor, es el sufrimiento de sus hijos, tanto los que son llevados en el vientre de sus madres, como los ya nacidos. Durante la jornada el hijo en el vientre de la madre, muchas veces está sujeto a dificultades que amenazan su vida o se expone a sufrir defectos mentales o físicos al nacer. Mientras crece el niño, acusa serios problemas de identidad. Desde el principio, el hijo percibe a sus padres como extranjeros con relación a la sociedad residente, la cual sólo parece normal. Los padres sufren de soledad y distancia, pero el hijo sufre aún más. El o ella, ¿debe ser como los padres o como la gente ordinaria de la sociedad? ¿A quién le gusta ser diferente o extraño?

Jesús, María y José fueron extranjeros rechazados en Egipto. Ahí sufrían lo mismo que sufren los millones de pobres que tienen que emigrar a un país extranjero. Esta experiencia fue una doble preparación para la misión de Jesús. Primero, le dio una experiencia de vida distinta a la de Palestina. Sus horizontes se hicieron más anchos acerca de las limitaciones y posibilidades de la humanidad; el viajar, a pesar de sus dificultades, enriqueció su sabiduría y perspectiva de la vida humana.

Segundo, el dolor del rechazo hizo más aguda su impaciencia para el logro de su misión: que toda la gente sea una sola familia. No habrá extranjeros en el Reino de Dios, pues él es Padre de todos.

De acuerdo con sus caminos insospechados, Dios comienza la salvación del mundo entero a través de los inmigrantes y los indocumentados. María es la madre inmigrante que acompaña a los pobres en sus jornadas por las tierras lejanas y también los dirige a su casa para comenzar una vida nueva. En el emigrar de María, las inmigraciones del mundo toman un nuevo significado y una nueva orientación. No son dolorosas, sino redentoras. No son pesadas, sino liberadoras. No son sólo viajes, sino el comienzo de una vida nueva.

CAPITULO VIII

Maternidad

*Y dio a luz a su hijo primogénito, lo envolvió en pañales y
lo acostó en un pesebre, porque no había sitio para ellos en
la posada.*

LUCAS 2,7

De todas las cosas bellas que se pueden decir de María, ninguna sobrepasa el hecho de que se hizo la madre de Jesús, "Y
dio a luz a su hijo primogénito" (Lucas 2,7). Uno de los tributos
más grande que podemos rendir a una mujer es decir que ella fue
madre.

Hablando con muchas madres acerca de la experiencia de dar
a luz a un hijo, todas han dicho que es una experiencia cuya alegría
y exaltación no pueden expresarse en palabras. Por nueve meses, el
hijo se ha ido formando dentro de la madre y de muchas maneras,
el hijo y la madre han sido una sola entidad, íntimamente inter-
dependiente. Ella va engrosando su vientre con el crecimiento del
hijo y siente el movimiento dentro de sí misma, por eso, la madre
ama al hijo antes que lo vea.

Ninguna experiencia humana se acerca más a Dios, que la de
dar a luz a un hijo. De cierta manera, se asemeja al segundo relato

de la creación en el libro del Génesis: "Entonces el Señor Dios formó al hombre del polvo de la tierra, sopló en su nariz un aliento de vida, y el hombre fue un ser viviente" (Génesis 2,7). La mujer da forma y crea un nuevo ser humano. Por medio de su cuerpo, ella transmite alimento y fuerza. Viene la hora, nace el hijo y un nuevo ser humano entra en el mundo, una nueva creación empieza. Es un momento único y bello. Más que la belleza del sol de la madrugada, cuyos rayos de oro dispersan a la oscuridad de la noche, o la de las flores de la primavera que señalan el fin del frío del invierno o el comienzo de una nueva primavera, más que todo eso, es la belleza radiante del nacimiento de un hijo. Esta belleza llega a la perfección cuando el padre, quien originó el proceso de la vida, está allí para acompañar y ayudar la madre mientras ella lleva a cabo su fin.

Los dolores del parto pasan rápidamente porque la madre se alegra al ver, tocar y alimentar al bendito fruto de su vientre. No tiene ninguna idea de lo que el hijo llegará a ser o hará con su vida, pero ella ama al niño simplemente por lo que es. Ella lo ha creado, ha surgido de su propia carne y sangre, de su propia vida, pero que ahora ya tiene su propia existencia. El amor ha creado vida.

No es raro que la madre o algún visitante exclame acerca del recién nacido: "es divino". Y así es, porque cada niño, como cada persona es reflejo de la persona misma de Dios. Tal como el padre y la madre ven a su hijo divino, así el hijo primeramente verá el rostro de Dios y experimentará la caricia amorosa de Dios, en la persona de los padres. Es en la creación misma de la nueva vida, que los padres y el hijo experimentan la alegría insondable de la existencia personal de Dios y así pueden decir que han visto el rostro de Dios.

De la manera en que la madre ama y admira a su hijo recién nacido, la esencia del Evangelio se proclama y experimenta. En los momentos del nacimiento y la infancia, la madre y el padre, más que ningún sermón, pasaje bíblico y discurso teológico, revelan el amor de Dios a todos nosotros, porque cada uno de nosotros es hijo o hija de Dios. Dios ama porque somos su creación, él nos ha dado la vida y ahora tenemos nuestra propia existencia. Nuestra vida es el don de Dios para nosotros. Lo que hacemos con esta vida, será nuestro don para nuestra familia, la sociedad y Dios. Nuestro Dios es el Dios de amor. Dios nos ama porque somos. Dios no espera que seamos buenos y perfectos. Dios nos ama y en la medida en que experimentamos ser amados, amaremos a otros. Tal como la madre ve instintivamente la belleza—Dios del hijo, así lo ve Dios en todas las personas. Porque él ha creado a todos a su imagen y semejanza. Así debemos verlo en los demás.

La madre ama al hijo simplemente, porque es y punto. Fue amado antes de que llegara, es amado ahora porque está aquí. No hace preguntas, no pone condiciones. Se ama simplemente porque es él o ella. No hay manifestación del amor de Dios para nosotros más auténtica o más clara, que el amor de un padre por el niño recién nacido. ¡Esto es el Evangelio!

CAPITULO IX

La espada

Había en Jerusalén un hombre llamado Simeón, hombre justo y piadoso, que esperaba el consuelo de Israel. El Espíritu Santo estaba en él y le había revelado que no moriría antes de ver al Mesías enviado por el Señor".

Lucas 2,25-26

Como era costumbre, José y María llevaron a Jesús al Templo en Jerusalén, poco después de su nacimiento, para asistir a los ritos de purificación. Mientras estaban en el templo, su padre y su madre estaban admirados de las cosas que se decían de él. Simeón los bendijo y dijo a María, su madre: "Mira, este niño hará que muchos caigan o se levanten en Israel. Será signo de contradicción, y a ti misma una espada te atravesará el corazón; así quedarán al descubierto las intenciones de muchos" (Lucas 2,33-35).

¿Puede usted imaginarse el choque y la confusión de José y María al oír estas palabras de Simeón? Todos estaban cantando las alabanzas de este niño maravilloso. Los padres estaban alegres y orgullosos de todo lo que se decía de su niñito. Pero también, les dijo, que el niño será muy discutido y controvertido. De tema del la paz en la tierra, de la noche de Navidad, rápidamente nos encontramos con una proclamación revolucionaria: la caída y levantamiento de muchos. Otra vez nos encontramos con el tema del reverso que vimos en el Magníficat. Sin embargo, aquí hay otro elemento: se oponen a él. A los viejos caminos de mentiras, celos, individualismo, juegos de poder y guerra no se renuncia fácilmente, para entrar en los caminos de verdad, generosidad, cooperación, perdón y amor. Los poderes del mal resistirán y aún condenarán a muerte el poder del bien que se encarnó en Jesús.

Hay otro punto que surge de este pasaje. María oye directamente la palabra de Simeón, de que una espada le traspasaría. El tema de la espada se utiliza en el Evangelio para indicar que unos responden a la Palabra de Dios mientras que otros la rehúsan: padre contra hijo e hijo contra padre: madre contra hija e hija contra madre. Por qué Jesús invita a todos, sin excepción, a una nueva unidad familiar basada en la respuesta de la Palabra de Dios, de la cual resulta ¡la división! Todos son invitados pero pocos aceptarán.

Como israelí fiel, María también es cuestionada y desafiada a decidirse por al camino de su hijo. No era suficiente ser su madre natural. Para apreciar el dolor de esta respuesta, tenemos que recordar que María era una judía muy fiel. Practicaba, respetaba y amaba a su religión. Era esta religión que rechazaba a su hijo y lo condenaría a la muerte. Ella tendría que escoger entre esa que había sido lo más sagrado: su religión y el camino de su hijo que fue condenado como blasfemo por su propia religión. Ella tenía que escoger entre el triunfalismo religioso y el vía crucis. Ciertamente no era una decisión fácil. ¿Podría haber algo más verdadero o más santo que su religión judía?

Seguir a su hijo significaría separarse de su pueblo. Y esto traería persecución y ridiculización. Como todos en Israel, María sería invitada a seguir el camino de Jesús. Como ellos también, ella sería puesta a prueba. Y precisamente a causa de que era su madre natural, la prueba sería aún más difícil y dolorosa para ella que para las demás. Le parecería como si tuviera que escoger entre Dios y su hijo.

Hay una lección muy importante para todos nosotros en estos versos. La conversión al camino de Jesús nunca fue fácil para nadie. No fue fácil para María, ni es fácil para nosotros. Los caminos del pecado que nublan la inteligencia, debilitan la voluntad y nos llevan a hacer el mal aunque pensamos que hacemos el bien, están muy enraizados en nosotros. Nunca fue fácil quebrar cadenas. Sin embargo, un desligamiento total de los caminos del mundo, se hace necesario si vamos a ser miembros de la familia de Jesús. Es por seguir a Jesús, que aún su propia familia natural llega a ser parte de la verdadera familia de los discípulos de él (Lucas 8,19-20).

No basta haber nacido en una buena familia cristiana ni ser parte de un grupo cristiano. En algún momento de la vida, cada uno de nosotros tiene que desligarse conscientemente de los caminos del egoísmo, para unirse a la familia de los hijos de Dios. María nos enseñó el camino y aun continúa inspirándonos, pero ella no puede responder por nosotros personalmente. Cada uno de nosotros tiene que responder a la invitación de Dios. Si la respuesta es afirmativa, nuestra propia alma será traspasada por una espada.

En vez de herirnos nos desligará de los caminos de la muerte y nos permitirá comenzar a vivir. Será doloroso, pero serán sólo los dolores del parto hacia una nueva vida.

CAPITULO X

Somos privilegiados

El que cumple la voluntad de mi Padre que está en los cielos,
ése es mi hermano, mi hermana y mi madre".

Hay un incidente en los tres Evangelios sinópticos que a simple vista presenta a Jesús como brusco con su madre y su familia (Mateo 12,46-49; Marcos 3,31-35; Lucas 8,19-21). Vinieron a buscar a Jesús y cuando él supo que ellos estaban presentes, no hizo ningún esfuerzo para verlos ni invitarlos u ofrecerles un lugar de honor. Un hijo que aparentemente no le hace caso a su propia madre, ciertamente no parece ser esto, ni edificante ni portador de la Buena Nueva.

Pero Jesús utiliza esta ocasión para hacer brotar el filo cortante y penetrante de su mensaje salvador. "El que cumple la voluntad de mi Padre que está en los cielos, ése es mi hermano, mi hermana y mi madre" (Mateo 12,50). En el Reino no habrá lugares privilegiados de clase social, ni aun de lazos familiares. ¿Quiénes serán los importantes en el Reino? Los que oyen la palabra de Dios y la cumplen. Ninguna persona será privilegiada, porque todos somos privilegiados. Es la Buena Nueva. Su madre y sus familiares también estarán entre los privilegiados, como todos, si escuchan la palabra de Dios y la guardan.

Jesús no ignora a su madre ni a sus familiares. Él hace de todos aquellos que cumplen el designio de Dios, su propia madre, hermano y hermana. Lo que nos dice es que la verdadera grandeza y dignidad humanas no depende del nombre familiar, color de la piel, clase social ni nacionalidad. El mundo utiliza estas categorías naturales para clasificar a la gente como importante y no importante, querido o despreciado, superior o inferior. Brindamos todo a una persona por la importancia que tiene su padre o su madre, mientras que ignoramos a otras, porque nos parecen sin importancia. Esta forma de clasificar a las personas es falsa y aun pecadora.

María siempre ha sido muy estimada y amada en la tradición cristiana y así debe ser porque ella es la madre de nuestro Salvador. Pero, lo que Jesús nos dice, no es para rebajar a María, sino para enaltecernos. Porque nosotros también podemos disfrutar de la dignidad de ser la madre de Dios, todos los que dan forma humana a Dios, si cumplimos con su designio. Nosotros también podemos conferir el nombre familiar más grandioso: CRISTIANO, que significa hijo de Dios.

¿Por qué? Porque vivir la vida de Dios en el mundo es tan emocionante que es contagiosa. La nueva vida que vivimos da a luz a nueva vida a los demás. Otras personas verán como nosotros los cristianos, podemos ignorar tanta artificialidad en el mundo de hoy y vivir una vida de amor con simplicidad y alegría. El ejemplo de la vida cristiana en el mundo, es en sí mismo el vientre en el cual los futuros cristianos serán concebidos y también los senos que amamantarán sus vidas en el mundo. Más aún, no sólo concebiremos nuevos cristianos pero si apoyaremos, daremos ánimo y acompañaremos a otros cristianos como nosotros, en el peregrinaje hacia el hogar de nuestro Padre. Así somos la madre, el hermano y la hermana de la nueva vida de Jesús en el mundo.

CAPITULO XI

El peregrinaje familiar

¿Por qué me buscaban? ¿No sabían que yo debo ocuparme de los asuntos de mi Padre?

LUCAS 2,49

Sus padres iban cada año a Jerusalén, a la fiesta de pascua. Cuando el niño cumplió doce años, subieron a celebrar la fiesta, según la costumbre" (Lucas 2,41-42).

Este siempre ha sido un pasaje del Evangelio muy especial para mí, porque inmediatamente acuden a mi memoria recuerdos queridos, de cuando por primera vez mi padre y mis padrinos me llevaron a la Basílica de Nuestra Señora de Guadalupe. Lo que me impresionó en esos días y aún me impresiona, no fue la tilma de Nuestra Señora, sino el gran fervor de miles de peregrinos, provenientes de todas clases sociales, edades y razas.

Sus actitudes, obvias de profunda reverencia, rostros radiantes de confianza y ojos relucientes de amor y alegría, hablaron más fuerte y más claro acerca de la experiencia de estar en la presencia de Dios, que ninguna homilía, o clase que haya oído o libro de espiritualidad que haya leído. Entre ellos, se podía sentir literalmente la presencia de lo divino.

Es verdad, que no tenemos que hacer peregrinajes a lugares lejanos para encontrar a Dios, pues él está por doquier. Sin embargo, es verdad que hay ciertos lugares privilegiados en donde, de una manera especial, Dios ha manifestado su presencia cariñosa y amorosa: Tierra Santa, Santiago de Compostela en España, Lourdes en Francia, Fátima en Portugal y Tepeyac en México. Los peregrinajes siempre han sido parte de la tradición del Antiguo Testamento y del movimiento cristiano. Son símbolos de nuestro peregrinaje terrestre hacia nuestro último hogar en el cielo.

Los peregrinajes, no sólo son divertidos, sino también representan una aventura, aún cuando los hijos se pierden (Lucas 2,43-45). Si ustedes creen que no son emocionantes, vayan y participen en un peregrinaje, o por lo menos, lea los Cuentos de Canterbury de Chaucer. Las experiencias religiosas no tienen que ser tediosas ni aburridas.

Sin embargo, detrás de esta aventura, hay una experiencia de la comunidad en busca de Dios, caminando hacia la casa del Señor y en cierta manera, experimentando a Dios. Lo maravilloso es que Dios no se ve, ni se siente, ni se experimenta en la tilma de Guadalupe, en las aguas de Lourdes o en los templos de Tierra Santa, tanto como se experimenta en las caras y los corazones del pueblo mismo. En ellos, por ellos y con ellos, Dios se experimenta personalmente.

Para los niños que acompañan a los padres, estos son momentos muy privilegiados. No solamente escuchar sobre la iglesia, sobre la oración a Dios, sino que experimentan el valor y la importancia de lo sagrado. No se les dice nada, ni se les instruye. Lo aprenden casi por ósmosis y esto llega a ser uno de los tesoros del corazón. Tal vez no pueden expresar el significado de esta experiencia, pero ésta, ha puesto su marca en sus almas y nunca la olvidarán. Es por estas experiencias de adoración y oración con los padres y la comunidad, que el significado de la religión constituirá uno de los valores fundamentales del niño.

Los padres de Jesús, lo expusieron a tales experiencias íntimas e importantes. Como todos los niños, Jesús tuvo que aprender por experiencia y ejemplo. Era a través de sus padres y vecinos que él recibía esos valores y experiencias mas profundas sobre Dios. Es dentro del contexto de tal experiencia que el Evangelio presenta a Jesús declarando su primera palabra pública: "¿Por qué me buscaban? ¿No sabían que yo debo ocuparme de los asuntos de mi Padre?" (Lucas 2,49). Y es precisamente en uno de estos momentos que pronunció la palabra más profunda y más característica: *Padre*. Toda la vida y mensaje de Jesús se centrará en Dios Padre que es Padre para todos. Y fue en este primer momento que lo anunció.

Hay dos lecciones importantes que hay que aprender de este pasaje. La primera es la necesidad de esas privilegiadas experiencias religiosas que están más allá de las ordinarias. La rutina puede matar aún lo mejor. Estas experiencias privilegiadas reencienden los fuegos de nuestro sentimiento religioso. La segunda, es la necesidad que existe en los niños de experimentar a Dios en y por sus propios padres y vecinos. Los niños no deben ser enviados simplemente a la iglesia y enseñarles acerca de Dios. Es de suma importancia para la transmisión de la fue que los hijos puedan ver, sentir y experimentar a Dios a través de sus padres y la comunidad. Habiendo encontrado a Dios personalmente, buscarán conocer a Dios, mientras crecen en edad, estatura y saber.

CAPITULO XII

Tesoros del corazón

Solían reunirse de común acuerdo para orar en compañía de algunas mujeres, de María la madre de Jesús y de los hermanos de este".

HECHOS 1, 14

M aría, por su parte, conservaba todos estos recuerdos y los meditaba en su corazón" (Lucas 2,1-9). Es muy difícil comentar sobre este verso tan simple, bello y significativo. No es porque yo no tenga nada que decir, sino porque confluyeron muchos pensamientos mientras reflexionaba sobre este aspecto de María. ¿Hay algo más profundo o significativo que los secretos del corazón de una madre?

Como cada madre, María definitivamente experimentaba muchas cosas junto con su hijo, que le causaban maravilla y preocupación acerca del futuro de Jesús. Una de las cosas que me parece muy bella acerca de María, es que el Nuevo Testamento, no dice que ella tuviera una visión clara de los eventos que estaban involucrados en la misión de su hijo. De hecho, ella parecía estar confundida en relación a lo que pasaba. El chisme del pueblo y la oposición de los líderes religiosos, creaban serios problemas a María. Ella tenía miedo por Jesús y a la vez estaba orgullosa mientras que él enseñaba, sanaba y alimentaba al pueblo. Desde el principio, María había compartido la vida de Jesús. Tenía una visión de él como nadie la tenía. Los Hechos de los Apóstoles presenta a María en el centro de los que creían y seguían a Jesús: "Solían reunirse de común acuerdo para orar en compañía de algunas mujeres, de María la madre de Jesús y de los hermanos de este" (Hechos 1,14). El atesoramiento de las memorias de la experiencia con su hijo enriqueció a toda la comunidad de creyentes.

Estoy seguro que a través del tiempo, especialmente después de la muerte y resurrección de su hijo, los acontecimientos que al principio aparecían como insignificantes, confusos y aún contradictorios, comenzaban a tener nueva luz. Probablemente, los eventos desconectados comenzaban a unirse. Estoy seguro que la primitiva comunidad cristiana, tenía muchas preguntas para María acerca de sus esfuerzos para penetrar más profundamente en el misterio de Jesús de Nazaret.

Mas aún, estoy seguro de que a María no le fue fácil explicar los tesoros de su corazón. ¿Cómo podría, si ella misma no podía comprender fácilmente lo que había pasado? El Evangelio nos dice que lo meditaba en su interior. Esto significaba que lo pensaba mucho, cuidadosamente, que lo reflexionaba, lo deliberaba en silencio, profundamente y lo meditaba para entender su significado último.

Podemos decir que María, es el modelo del creyente, porque habiendo encontrado al Señor desde el principio, lo seguía diligentemente aún cuando no podía entender lo que pasaba. Buscaba comprender lo que creía. Ella también podría ser comparada con el modelo del teólogo cristiano, porque meditaba los tesoros de su corazón como el principio de su reflexión crítica. No estaba analizando una teoría o un dogma, sino la experiencia del Señor que había captado su corazón. Además, podemos verla seguramente como modelo de los catequistas, porqué tenía la voluntad y el ansia de compartir el interior de su hijo, lo cual ayudaría a sus discípulos a conocerlo mejor y a ser mas fieles a sus caminos. Hay un dicho: "A Jesús por María". Algunos lo han descartado por ser teológicamente malo. Pero hablando humanamente, es muy correcto. No porque María sea un tipo de mediadora entre nosotros y Cristo, sino por las cosas conservadas en el corazón de ella y por las cuales, la primitiva comunidad cristiana llegaba a conocer aun mejor a su Maestro. Es en el corazón de la madre, en el que se descubre la identidad más íntima del hijo, en este caso la de Jesús. Es en el corazón de María, donde se encontraría el último y el más precioso pedazo del rompecabezas que da luz a la identidad de Jesús. El corazón tiene profundidades que sobrepasan a las de la mente.

CAPITULO XIII

Mucho vino nuevo

Esto sucedió en Caná de Galilea. Fue el primer signo realizado por Jesús. Así manifestó su gloria y sus discípulos creyeron en él.

JUAN 2,11

L a boda de Caná siempre ha sido uno de mis favoritos pasajes. Es una historia humana, tan dinámica con la cual cada uno de nosotros se puede identificar. ¿Quién no ha disfrutado de una buena fiesta de una boda, especialmente en las áreas rurales donde tales eventos son verdaderas reuniones de amigos y familiares?

Hay tres aspectos de la historia que tienen en la actualidad, significados particulares para todos nosotros. El primero es que María, Jesús y sus discípulos estaban reunidos en una fiesta. La madre no se sentía incómoda compartiendo con los hombres y ellos tampoco por su presencia. Es un ejemplo poderoso de la unidad de la familia extendida, especialmente para una sociedad como la nuestra, que siempre está buscando como dividir a la familia. Cada persona se separa y sigue su propio camino: alguien que cuida a los niños, reuniones separadas de los jóvenes, los solteros, los maduros y los ancianos.

Las celebraciones familiares, en donde todos están presentes y divirtiéndose, están desapareciendo en nuestra sociedad contemporánea. Es la presencia festiva de todos los reunidos, la que marca el comienzo del reinado de Dios dentro de nosotros. La pérdida de tales reuniones sociales es un obstáculo a la irrupción del Reino de Dios.

El segundo aspecto es que, hablando en términos humanos, Jesús parece vacilar el comienzo de su misión, "Mujer, no intervengas en mi vida; mi hora aún no ha llegado (Juan 2,4). Es instigado por su madre para que comience. ¡Aún el hijo de Dios necesitaba ayuda para empezar! Todos nosotros necesitamos el estímulo que nos dan los que amamos. A veces sabemos lo que tenemos que hacer, pero no sabemos si es momento para hacerlo, o si realmente estamos para ese asunto. Los padres tienen que reconocer el momento propio para poner en marcha a sus hijos, ni demasiado tarde ni muy temprano. Jesús no creía que hubiera llegado a hora, pero María con su intuición maternal, si lo sabía y le dio ánimo.

El tercer aspecto, es que este es en el único lugar del Nuevo Testamento, donde encontramos a la madre de Jesús dando instrucciones a otro: "La madre de Jesús dijo entonces a los que estaban sirviendo: —Hagan lo que él les diga" (Juan 2,5). Hay dos puntos muy bellos que surgen con su actuación. El primero, es la confianza en su hijo. No tenía ninguna duda de que respondería a las necesidades de la pareja recién casada. Su vida y su misión enteras eran una ɪespuesta a las necesidades de los otros. Ella no le dijo lo que tenía que hacer, sino sólo indicó la necesidad existente sabiendo que Jesús haría todo lo necesario.

El segundo punto son sus instrucciones a los sirvientes. Ella les dice que se pongan completamente al servicio de Jesús. Ella no sabe de sus planes, pero afirma que debe aceptar su programa de acción sin ninguna duda. Es su magnífica transición del Antiguo al Nuevo Testamento.

En el Evangelio de Lucas, María aparece como la mujer fiel de la Antigua Alianza de Sinaí, que ha cumplido con las promesas hechas por su pueblo a Dios, "Nosotros haremos todo lo que el Señor ha dicho" (Éxodo 19,8). Esto significa que guardarían escrupulosamente la ley del Señor. Ahora es ella, la que ha cumplido celosamente con la ley, quien dice al mundo: "Hagan los que él les diga". Esto significaría: "Mi mandamiento es éste: Ámense los unos a los otros, como yo los he amado" (Juan 15,12). Es ella la que primero dice al mundo que acepta la nueva alianza. El resultado al cumplir con el mandato de Jesús es arrollador. El agua reservada para los ritos purificantes símbolo del legalismo deshumanizante, segregacionista y esclavizante, se convierte en vino excelente para la boda, símbolo de la alegría inmensa que surgirá en los corazones de los que aceptan el camino de Jesús. Los que aceptan su camino, no serán siervos desconocidos y deshumanizados sin una identidad propia, sino amigos que estarán interesados los unos en los otros y que se llamarán por su nombre: "Ustedes son mis amigos, si hacen lo que yo les mando" (Juan 15,14).

María dio a luz a Jesús, le ayudó a comenzar su misión e inmediatamente dijo al mundo que le obedeciera. Ella nos entregó a su hijo y nos entregó a él. En este contexto, Jesús manifestó su primer presagio y ¡qué presagio! Una superabundancia del mejor vino para la boda. La fiesta se constituiría en el signo vivo de la inauguración del reino. Y cuando el reino comenzó definitivamente después de la Resurrección, la gente consideraba a los primeros cristianos como si hubieran tomado demasiado vino, no porque estuvieran borrachos, sino porque estaban como deben estar todos los cristianos, embriagados del "vino nuevo": la experiencia de ser amado incondicionalmente, la que a su vez nos deja amar a los otros también incondicionalmente, tal cual sólo Dios puede amar (Hechos 2:13).

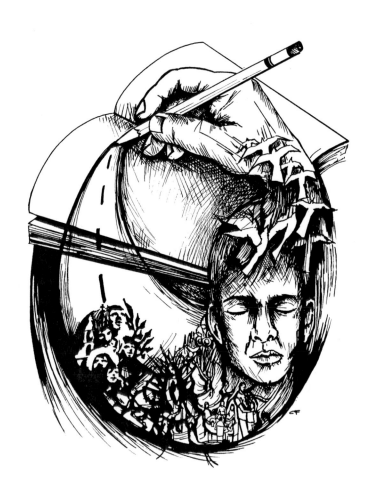

CAPITULO XIV

Desprendimiento

Después, Jesús bajó a Cafarnaún acompañado de su madre, sus hermanos y sus discípulos, y se quedaron allí unos cuantos días.

JUAN 2,12

Me parece que hay dos puntos importantes que surgen de este texto de la Biblia. Antes de profundizarlos, es preciso notar que en el Evangelio, casi no se hace mención de María. Sin embargo este silencio, tiene en sí mismo gran significado actual.

De hecho, es precisamente dentro del mismo silencio que recibimos un mensaje y un ejemplo muy poderosos de parte de María. María como madre sabia y buena, sabe cuando cortar el cordón umbilical psicológico entre ella y su hijo. Le dio a su hijo todo lo posible y le ayudó a establecerse en la vida; ahora era hora de dejarlo sin que dependiera de nadie. Ella no interferirá ni le impondrá nada, ya que él tiene un destino que cumplir en la vida. El paso es necesario, pero no fácil.

Es tan importante que los padres sepan desprenderse de sus hijos cuando éstos han madurado; ellos tendrán que salir de casa y vivir su propia vida. Hay que confiar en ellos; hay que rezar por ellos; no deben ser interferidos. No siempre es fácil hacerlo, pero es un paso necesario en el proceso de la vida.

Otro punto que surge de este texto es que desde ahora en adelante, María se hace seguidora de Jesús. Ella, como los demás discípulos, escuchará sus palabras y compartirá muchas de sus experiencias. Ella fue la primera en conocer la humanidad de Jesús, ella lo concibió, lo dio a luz, lo crió, lo instruyó y vivió con *él.* Ahora ella, estará entre los primeros que poco a poco lo conocerán por sus obras y sus enseñanzas como el Mesías del mundo.

La idea clave es que los discípulos junto a María acompañaron a Jesús en su camino. Es el comienzo de la conversión y el discipulado. Es recorriendo los caminos de Jesús, que gradualmente rechazamos el camino del mundo que nos lleva a la destrucción y a la muerte y aceptamos el camino de Dios que nos brindará libertad y vida.

María da a todos los padres, un ejemplo de la necesidad del desprendimiento y a todos nosotros, el ejemplo del camino necesario para la conversión hacia el camino de Jesús.

María siempre se ha considerado como pura e inmaculada. Sin embargo ella también tenía que acompañar a su hijo en su camino. Pero como veremos más adelante, esto no fue fácil. No lo fue ni para María, ni para los discípulos y no lo es para nosotros. Pero fue y es necesario para todos nosotros seguir a Jesús. No importa cuan santos seamos: tenemos que seguir a Cristo en su camino. De otra manera, no será fácil cambiar nuestra forma de vida a la del Señor. De no ser así, caeremos en el absolutismo, la auto-rectitud, y el fanatismo, aún hasta al grado de matar a otro en el nombre de Dios. Dios nos libre de tales criminales religiosos disfrazados como hombres rectos y mujeres de Dios.

La única manera en que podamos ser verdaderos hombres y mujeres de Dios en este mundo es ser comprensivos, abiertos, y dejar atrás tanto ideas viejas como convicciones y volcarnos con plena confianza hacia Jesús acompañándolo en su camino. Muchas veces nos llevará a lugares que no sospechamos, nos presentará a personas que tal vez no queramos conocer y nos dirá cosas que nos parezcan escandalosas y sorprendentes. Sin embargo, es él y sólo él quien tiene palabras de vida. Él es el camino, la verdad y la vida. No hay otro camino. Y si no lo acompañamos nunca lo encontraremos. Confiando en él y caminando con él, es imposible no descubrir las inmensas alegrías y gozos que experimentan los que viven la vida de Dios.

CAPITULO XV

Es difícil creer

El Espíritu es quien da la vida; la carne no sirve para nada.
Las palabras que les he dicho son espíritu y vida.

JUAN 6,63

¿Es fácil creer en Dios y en el camino de Dios para la humanidad, según lo revela Jesús? Si lo fuera, no le hubiera costado a Jesús su vida y no le hubiera rasgado el corazón a María. Es evidente en el Nuevo Testamento, que Jesús mismo tuvo que luchar con el camino de Dios (Lucas 4,13; 22,34-44), y que los parientes de Jesús y probablemente incluyendo a María, pensaron que Jesús se había vuelto loco (Marcos 3,21) y que los discípulos de Jesús pensaron que seguirle era muy duro y que aun muchos dejaron de estar con él (Juan 6,60-68).

Porque las aspiraciones humanas y los valores de este mundo, están muy confundidos con el pecado; lo malo frecuentemente aparece como bueno, la manera mas rápida de hacer las cosas, a menudo es identificada automáticamente como la mejor y los métodos mas eficaces son fácilmente confundidos con la voluntad de Dios.

Jesús no vino a hacer el bien según los criterios equivocados de un mundo confundido por el pecado. Vino a iniciar una forma de vida radicalmente nueva basada en el amor puro y sin límites. Por hacer esto, entró en conflicto aun con las personas buenas que pensaban y juzgaban según criterios de su sociedad y su religión. De acuerdo con el criterio erróneo de juzgar al mundo, auténtico bien, tal como fue vivido y proclamado por Jesús parece insensato, impráctico y desbaratador de la ley y orden.

Estoy seguro que precisamente porque María fue una persona muy buena y santa según su religión, encontró muy difícil comprender las enseñanzas y el camino de su hijo. Pues, ¿a quién debería creer: a los hombres sabios, piadosos y letrados y aun a los sacerdotes de la religión de su Hijo? Ya había pasado por una experiencia dolorosa, la concepción y el nacimiento de su hijo, pero francamente creo que eso no fue nada en comparación con el sufrimiento que pasó cuando comenzó a escuchar enseñanzas y vio el trabajo de su hijo hacia el pueblo. Lo que él enseñaba estaba tan fuera de onda con la doctrina oficial de la religión de su tiempo, que los oficiales de la misma, lo acusaban públicamente de estar poseído por el demonio (Marcos 3,23).

No nos es más fácil hoy en día, seguir el camino de Jesús en lugar del camino de la humanidad, de lo que le fue a María y a los discípulos del Señor. Muchas veces sus enseñanzas nos van a sonar como absurdas, otras veces como tontas, ingenuas y algunas veces hasta subversivas. Nosotros también vamos a pasar por la tentación de apartar a Jesús a un sitio más seguro, es decir, esconder en una devoción, en una práctica piadosa, en una celebración litúrgica o en alguna teoría teológica. Es mucho más fácil y mucho más seguro ser una persona religiosa, que ser un seguidor de Cristo.

La misma pregunta que molestó a María, nos molesta hoy a nosotros: ¿fidelidad a nuestros caminos, que aparecen como civilizados, humanos y aún sagrados o fidelidad al camino de Jesús que fácilmente puede ser visto, según los criterios de este mundo, tonto, impráctico y aún escandaloso? ¿A quién seguiremos? ¿A los caminos de la humanidad o a los de Cristo? Creer en Jesús nunca fue fácil. Pero es la única manera que nos llevará a la libertad y a la felicidad. Es mucho mejor, reconocer francamente las dificultades que existen en el seguimiento a Cristo, que reducirlo solamente a un sentimiento superficial o una práctica ritual, que efectivamente obstaculizan y esconden el camino del Señor. Solamente cuando reconocemos que el camino de Jesús aparece disparatado y absurdo, es cuando comenzamos el sendero auténtico a la conversión de su camino. Pues, ¿a quién otro seguiremos? Solo a ti Señor porque tienes la Palabra de vida eterna (Juan 6,68).

CAPITULO XVI

Madre dolorosa

Entonces todos sus discípulos lo abandonaron.

MARCOS 14,50

Yo no conozco ningún sufrimiento más grande que aquel en el cual una persona tiene que presenciar el abuso y la tortura que se comete contra un ser querido. Hoy en día, se ha descubierto que la tortura más eficaz para forzar a una persona a hablar, a dar testimonio, es forzarla a ver el rapto o la tortura que se inflige a la persona que más ama.

María, la madre y fiel discípula de Jesús, lo siguió siempre desde Nazaret. Y cuando todos habían abandonado a su hijo, ella fielmente estuvo a su lado, aun a través del camino a la cruz. Ella había visto los procedimientos contra su hijo y probablemente había entendido poco o nada, de lo que pasaba. Porqué su hijo había vivido y proclamado el amor sin límites para todos, era una figura controversial. Había desafiado las costumbres, las tradiciones y las leyes que limitaban la habilidad de las personas para amar.

Precisamente, porque María conocía a Jesús tan bien, su condenación en la cruz tuvo que ser totalmente incomprensible para ella. ¿Qué crimen tan horroroso había cometido este hombre de amor, para que se le condenara a la crucifixión, que era la sentencia a muerte más horrible? Estoy seguro que María quería protestar fuertemente por la condenación de su hijo, pero permaneció en silencio. Como tantas otras mujeres pobres del mundo ella se quedó callada, no porque tenía miedo o porque estuviera de acuerdo con la condenación, sino porque ni siquiera entendía el idioma o los procedimientos. Callada, porque ella sabía, por la experiencia colectiva de otras mujeres que habían pasado por situaciones semejantes que estaba absolutamente impotente frente a las autoridades de la sociedad. Callada, porque sabía que los abogados y los líderes religiosos no estaban interesados en las causas de los pobres y oprimidos de la sociedad. Callada porque todos sus amigos y parientes la habían abandonado en el momento que más les necesitaba. Esta letanía podría continuar.

En la persona de la Madre Dolorosa, vemos a millones de pobres, impotentes oprimidos de este país y de otros, de una manera muy especial en Guatemala, El Salvador, Brasil y otras partes de nuestro continente. La única cosa que los pobres pueden hacer es aceptar en silencio. Callados, porque la sociedad les ha quitado su voz.

Miles y aún millones de personas tienen que ver a sus seres amados, procesados y condenados por el mundo injusto de los poderosos. Lo único que ellos pueden hacer es estar a su lado en silencio hasta el fin. El procedimiento judicial es "rápido y eficaz", para los pobres, pero "lento compasivo" para los ricos y poderosos. En nuestra sociedad, al pobre que vende drogas o es drogadicto, se le condena fácil y rápidamente mientras aquí los líderes de las multinacionales que venden y transportan las drogas a todas partes del mundo, permanecen libres y respetables. En países con tiranos y dictadores como hay algunos en el resto del mundo y en América Latina, los que no están de acuerdo con los sistemas injustos, que cuestionan los abusos de estos gobiernos, rápidamente son eliminados a través de procedimientos jurídicos que son una burla a todo sistema de justicia. Aun en nuestro país en el que se proclama la libertad y la justicia para todos, los ricos son inocentes hasta que se establece que son culpables, mientras que los pobres se presume son culpables, hasta que se pueda establecer que son inocentes.

¿Se pueden imaginar el dolor de María? Jesús fue condenado por los líderes de su religión, por el gobierno y por todo el pueblo (Lucas 23,21-23) Todos lo abandonaron (Marcos 14,50). María no podía hacer nada, pero ella, junto con las otras mujeres y los discípulos amados, estuvieron firmes con Jesús hasta el fin más doloroso y escandaloso.

A pesar de todos los cargos hechos contra él y aún de su condena a la cruz, María no abandonó a su hijo. Creyó en él y lo apoyó hasta el fin. Contra toda evidencia de los sacerdotes, teólogos y líderes laicos de su religión y de su sociedad, ella siguió amando a su hijo y estuvo con él hasta el fin. Es precisamente en este seguimiento total y sin condición a Jesús, que María llega a ser modelo para todo cristiano. Es María, la humana débil y miedosa madre, la que nos apoya para seguir el mismo camino, aun cuando nosotros seamos ridiculizados, insultados y aún condenados.

María nos enseña el poder de una presencia de apoyo especialmente cuando una acción concreta no es posible. Estar junto a esos que amamos, especialmente en los momentos de necesidad, cuando somos ridiculizados, rechazados y condenados por todos, es la prueba más grande del amor sin límites que tenemos por ellos. Es un signo de que nosotros podemos amar a los demás, como sólo Dios puede amar. Amar aún mas allá del entendimiento humano, es el comienzo del amor infinito. Amar cuando podemos entender y apreciar es humano, pero amar aún mas allá de todo entendimiento humano es divino.

CAPITULO XVII

Nuestra madre

Después dijo al discípulo: —Ahí tienes a tu madre. Y desde aquel momento, el discípulo la recibió como suya.

JUAN 19,27

Toda criatura necesita la ternura y el amor protector, no solamente de un buen padre, sino también de una buena madre. Son los padres, la fuente de una vida familiar saludable. Los dos son necesarios para el desarrollo y el crecimiento de la criatura y de toda la familia.

Durante su vida, Jesús no sólo vivió en intimidad con Dios como Padre, sino que también nos enseñó que todos nosotros somos hijos e hijas de Dios. Jesús nos enseño que Dios es nuestro Padre. La oración más bella y más profunda de los cristianos es precisamente "el Padre Nuestro". En la vida, es importante tener un buen padre, pero esto no es suficiente. Sin embargo, Jesús no habla mucho acerca de la maternidad a lo largo de su vida.

En el momento supremo de su vida en el momento de la muerte física, Jesús va infinitamente más allá de lo que fue su vida: "Jesús, al ver a su madre y junto a ella al discípulo a quien tanto amaba, dijo a su madre: "Mujer, ahí tienes a tu hijo" (Juan 19,26). En Caná

(2,1-11) en Carfarnaún (Juan 2,12) y al pie de la cruz (Juan 19,25), el Evangelio se refiere a María como "su madre". Este cambio de "su" a "la", es muy significativo, porqué indica que desde ese momento, María pasa a ser la madre de la nueva familia de Jesús: aquellos que escuchan la palabra de Dios, la reciben y la viven. La que le dio nacimiento a Jesús y permaneció fiel a él hasta el fin ahora da nacimiento a la nueva comunidad cristiana.

Jesús también se dirige al discípulo que permaneció fiel a él, siguiéndole por todo el camino hasta la cruz. Habiendo estado junto con María, Juan el discípulo querido, fue el único que no abandonó a Jesús. El discípulo querido permanece con Jesús hasta el fin. Habiendo dirigido la palabra a María como la madre de la comunidad de discípulos fieles, Jesús se dirigió al discípulo y le dijo: "Ahí tienes a tu madre. Y desde aquel momento, el discípulo la recibió como suya" (Juan 19,27). Así como Jesús, el discípulo fiel y el hijo amado del Padre nació de María, así todos los discípulos fieles y amados nacerán de María. Ella ahora se convierte en la madre de la Iglesia.

"Y desde aquel momento, el discípulo la recibió como suya" (Juan 19,27). No puede haber verdaderos fieles y amados discípulos de Jesús que no lleven a la madre de Jesús, nuestra madre, a sus casas. Porque María es el tesoro central de nuestras casas, nosotros recibiremos la fuerza y el apoyo para permanecer con Jesús hasta el fin, aun en el martirio y la cruz. Con María, jamás nos escandalizaremos de Jesús y permaneceremos fieles hasta el fin. Sin ella, aún los mejores y los fuertes de nosotros abandonaremos a Jesús en búsqueda de caminos más fáciles y más honorables de salvación, como lo hizo Pedro.

Además este es "el momento" del triunfo supremo de Jesús quien no solamente había triunfado sobre los poderes del mal y destrucción, sino también había triunfado sobre las limitaciones religiosas culturales de un mundo dominado por los hombres.

Esto es, un mundo en que la mujer y toda imagen femenina tenía casi por naturaleza una posición de inferioridad. En su vida, él nos había revelado la verdad suprema acerca del hombre, la mujer y Dios: todos somos hijos e hijas de Dios y Dios es el Padre de todos nosotros. Pero no había hablado mucho acerca de la dignidad y de la posición de la mujer en el reino. Su vida siempre estuvo centrada en el Padre. Ahora, en la hora definitiva y del triunfo final, él nos revela que María es nuestra madre, LA MADRE, y por ello, ella es la fuente y el centro unificador de todo hogar cristiano. En su vida Jesús nos dio "el Padre Nuestro". Ahora en el momento supremo de la vida, la hora de su glorificación, nos da a "nuestra madre". Con estas palabras totalmente inesperadas, sorprendentes, Jesús completó su mensaje liberador a la humanidad y nos dio unos de los tesoros mas amados de los cristianos: una madre tierna, compasiva y amorosa. Pues, entonces, no nos debería sorprender que inmediatamente después de estas palabras el Evangelio dice: "Después, Jesús, sabiendo que todo se había cumplido, para que también se cumpliera la Escritura, exclamó: —*Tengo sed*. Había allí una jarra con vinagre. Los soldados colocaron en la punta de una caña una esponja empapada en el vinagre y se la acercaron a la boca. Jesús probó el vinagre y dijo: —Todo está cumplido. E inclinando la cabeza entregó el espíritu (Juan 19,28-30).

CAPITULO XVIII

Una nueva igualdad

*Solían reunirse de común acuerdo para orar en compañía
de algunas mujeres, de María la madre de Jesús y de los
hermanos de este.*

HECHOS 1,14

E ste sencillo pasaje arriba mencionado, presenta a la Iglesia que está por ser inaugurada, con un mensaje muy poderoso que debe guiar para siempre a la gente eclesial hasta el fin. Para apreciar la gran riqueza que este texto contiene, es necesario recordar ante todo un punto importantísimo: la originalidad y posición privilegiada que María tiene en el Nuevo Testamento y a través de la tradición cristiana. Después de Jesús, no hay nadie más grande o venerado por los cristianos que María. Habiendo dicho esto, podermos pasar a los puntos contenidos en esta imagen de la Iglesia naciente.

Lo primero es que, no quitándole nada de la grandeza y posición privilegiada de María, pues ella ha sido proclamada por Jesús, madre de los discípulos, ella también necesita al Espíritu para completar su conversión y su adhesión al camino del Señor. Esto es importantísimo para todos en la Iglesia y ninguno debe olvidarlo: tanto el Papa, los obispos, superiores religiosos, teólogos, místicos, carismáticos y todos en la Iglesia, aún María necesitan del Espíritu. Solos no podemos hacernos buenos ni convertirnos al camino de Jesús.

No interesa que tan inteligentes, espirituales o letrados seamos, necesitamos el Espíritu, para mantenernos en camino. Nosotros no nos hacemos buenos cristianos. Dios es el que nos transforma desde adentro, si nosotros nos disponemos y esperamos a través de la oración para la acción del Espíritu. Esta espera en oración es el comienzo de nuestra transformación interna. Ser fieles seguidores de Cristo, no es resultado de lógica, de trabajo duro ni de aprendizaje teológico. La fidelidad a Jesús viene solamente a través de la acción del Espíritu que nos permite gritar desde lo mas interno de nuestro corazón, "Abba".

El segundo punto es que María se presenta de una manera sencilla como una entre tantos. Este punto es básico para la Iglesia, para que la misma no se convierta solamente en una sociedad más de este mundo. María se ha presentado como un ser de una dignidad especial. Sin embargo, ella es lo primero y antes que todo, una entre tantos, ni más ni menos.

En la Iglesia hay muchas posiciones, tal como la de los obispos, sacerdotes y otros. Sin embargo, ningún oficio, aún el del Santo Padre, tiene una posición de superioridad sobre los demás. Para que la Iglesia funcione adecuadamente, diversas posiciones y roles son necesarios. No obstante esto, la posición de una persona en la Iglesia no la hace superior a las demás. Son posiciones de servicio y el cristiano siempre tiene que recordar, que la grandeza fundamental dentro del cristianismo es la del lavado de los pies, o sea el servicio al otro sin límite. Cualquier tipo de mentalidad, que eleve a algunos miembros de la Iglesia a un pedestal y les permita permanecer en posiciones de privilegio, está en contra de la intención de Jesús.

Tenemos oficios en la Iglesia, pero no tenemos clases sociales o privilegiadas. Fundamentalmente somos hermanos y hermanas y esta nueva fraternidad radical que no está basada en privilegios o posiciones elevadas, es la que hace que la Iglesia sea una verdadera sociedad nueva, que está en el mundo, pero que jamás será de este mundo.

El tercer y último punto, que se encuentra en esta imagen de los Hechos de los Apóstoles, así como María recibió el Espíritu Santo y a través de esta acción Jesús se formo en ella, así ahora los seguidores de Jesucristo recibirán al Espíritu Santo y ellos formarán a Jesucristo en el mundo. En ellos el Señor estará vivo en nuestro mundo. Así como el Espíritu formó a Jesús en María, ahora el Espíritu formará a Jesús en la comunidad de sus seguidores. El mismo Espíritu que descansó sobre María y así encarnó la presencia de Dios en el mundo, ahora descansará sobre los seguidores de Jesús haciendo posible que ellos continúen dando al mundo el amor que perdona, que libera, que unifica, así como ha estado presente en Jesús. Ahora ellos podrán amar a otros, como solamente Dios puede amar.

Así como María estuvo presente en el comienzo para unir el Antiguo Testamento con el Nuevo, ahora está presente en el momento del pasaje de la vida de Jesús a la vida de la Iglesia. Ella es verdaderamente el hilo conductor entre el tiempo de preparación para la venida de Jesús fundamental momento de la vida, muerte y resurrección y el comienzo de la comunidad de la nueva creación. Bien se puede decir, que ella es la hija de la antigua humanidad y la madre y fiel compañera de la nueva humanidad que ya ha comenzado.

CAPITULO XIX

Una magnífica señal

Una gran señal apareció en el cielo: una mujer vestida del
sol, con la luna bajo sus pies y una corona de doce estrellas
sobre su cabeza. Estaba encinta y las angustias del parto le
arrancaban gemidos del dolor.

APOCALIPSIS 12,1-2

L legamos casi al fin de nuestras reflexiones sobre María en el
Nuevo Testamento. Este penúltimo capítulo es el más difícil
y el que más me ha desafiado, porque los catedráticos bíblicos
están todos de acuerdo que el significado del texto es muy oscuro
y se presta a diversas interpretaciones y precisamente porque su
significado no es claro, nos desafía aún más para descifrarlo.

Para mí, el mensaje de este texto no se va a encontrar en las
imágenes y el simbolismo de las mitologías antiguas, aún las del
Antiguo Testamento, pero si en el desarrollo de la expansión del
cristianismo a nuevos mundos que ni siquiera se conocían en el
tiempo de Jesús o en la primera época cristiana. De hecho, me parece que el cumplimiento de este texto se encuentra precisamente
en la historia del Continente Americano, concretamente los países
latinoamericanos.

El año de 1492 fue un año muy especial en la historia de la humanidad. Fue el del fin de la última cruzada y del descubrimiento europeo de un nuevo mundo. Marcó el comienzo de la gran expansión del mundo occidental, la conquista europea y la dominación de América. Para los europeos fue un momento de gran gloria. Para los nativos de estas tierras, fue el comienzo de una época aparentemente irreversible y un sin fin de sufrimiento, explotación, esclavitud y eliminación total. Desde entonces, los nativos serían extranjeros en sus mismas tierras. El holocausto americano comenzó en 1492 y sus efectos destructivos fueron especialmente visibles en el Valle de México, donde el gran imperio azteca fue derrotado en 1521. Los hombres fueron masacrados, las mujeres violadas y sus civilizaciones destruidas.

En medio de este desastre mundial, una magnifica señal apareció en el cielos del Tepeyac en 1531. Una mujer del cielo se la apareció a Juan Diego. Ella estaba parada sobre la luna, envuelta por el sol y sobre su cabeza tenía un manto cubierto de estrellas. ¡Esta mujer estaba encinta! Su cara aparece triste y sus ojos miran hacia abajo contemplando el gran sufrimiento de sus hijos. Pero de una situación de fracaso absoluto, brota una nueva señal de esperanza para un nuevo amanecer.

Su mensaje fue simple. Quería que se le dedicara un templo donde ella pudiera "mostrar y dar todo mi amor, compasión, auxilio y defensa, pues yo soy tu piadosa madre. A ti, a todos los que están contigo, a todos los moradores de esta tierra y a todos los que me amen, que me invoquen, me busquen y en mi confíen, escucharé sus lamentos y remediaré todas su miserias, penas y dolores" (tomado del texto guadalupano, *El Nican Mopohua*).

Inmediatamente después de esta magnífica señal del cielo, las masas del pueblo oprimido comenzaron a pedir el bautismo. Ahora, ella es más y más reconocida como la Madre de las Américas. Un gran número de milagros se le han atribuido a su intercesión.

Ella ha hallado los movimientos de desarrollo humano y de liberación integral en México y en muchas partes de Estados Unidos. El milagro más grande, es que ella continua reinando en los corazones de millones de personas de las Américas. En el Tepeyac, el cristianismo nació en las Américas. Verdaderamente es el Belén del cristianismo americano. Pues una vez más, fue a través de María que Cristo nació en este mundo. Así como nació de María en el mundo antiguo, ahora en el nuevo mundo, sería a través de ella que la vida de Cristo entraría a este mundo y comenzaría la transformación de todos los habitantes de esta tierra.

El descubrimiento del "nuevo mundo", fue un momento único en la historia de la humanidad que jamás se va a repetir. Ya no hay más nuevos mundos por descubrir que no sean conocidos por este planeta. Es mi convicción personal, que la mujer que fue vista por Juan el apóstol y cerca de la cual escribió en el Apocalipsis capítulo 12, es Nuestra Señora de Guadalupe.

Observen la imagen de nuestra Señora y lean el texto bíblico en el contexto del momento histórico de la llegada de los europeos al continente americano que marcó el comienzo doloroso de una nueva humanidad y reflexionen y recen dejando que el Espíritu les guíe a su conclusión personal.

CAPITULO XX

Madre
de la humanidad

Su excepcional peregrinación de la fe representa un punto de referencia constante para la Iglesia, para los individuos y comunidades, para los pueblos y naciones, y, en cierto modo, para toda la humanidad.

JUAN PABLO II, *REDEMPTORIS MATER*

Nadie puede unir a una familia como lo hace una madre. Ella intuye como nadie más las necesidades que cada persona en su familia tiene. Ella conoce bien a cada uno de ellos, en sus éxitos y en sus fracasos. Ella puede amarlos ya sea en el pedestal de la gloria o en la fría celda de una prisión. Ella los llevó en su vientre, nacieron de ella, los alimentó con vida y esos hijas e hijos son la continuación de su misma vida.

Jesús entendió la naturaleza humana y sus necesidades mejor que nadie, sintió la necesidad de una madre no sólo como personas, sino como pueblo, como humanidad. Jesús quiso que apreciáramos a Dios no sólo como el poderoso creador y patriarca sino como un padre compasivo y misericordioso. Esta forma de ver a Dios fue algo totalmente nueva en sí misma. Pero algo más era necesario para completar la sanación y salvación de la humanidad. En el plan de Dios, tanto la madre como el padre son necesarios. Así Jesús, al ir creciendo en sabiduría (Lucas 2,52) nota que se necesita más que un padre amoroso. De ahí que en los momentos finales de su vida en la tierra nos dé el más precioso regalo de todos, una madre amorosa para unir a todos los discípulos juntos (Hechos 1,14). Ella sería el centro del hogar de los discípulos (Juan 19,27), también estaría por siempre presente para intuir nuestras necesidades como lo hizo en Caná, para escuchar nuestros lamentos y protegernos en nuestras dificultades, como lo hizo en el Tepeyac, y para aconsejarnos y consolarnos como lo hizo en Lourdes y Fátima. Ella continúa estando presente hoy en día en los corazones de los fieles de igual manera que escuchamos las palabras que le dijo a San Juan Diego, "no tengas miedo, no estoy yo aquí que soy tu madre".

La Iglesia cree que Dios habla a través de las elegantes palabras de un poema o de las atentas manos de una enfermera. Cuando ambas personas dedicadamente hacen su trabajo pueden manifestar la grandeza de la humanidad en sus trabajos, y esto incluye una apertura a Dios. Los últimos cuatro siglos dan testimonio de la presencia de la *Virgen de Guadalupe* en la vida de millones de hombres y mujeres. Ella continúa estando presente hoy como lo estuvo en 1531, ella puede estar en la pared de un restaurante, en algún accesorio de un automóvil, etc. Ella está *con* su pueblo, bendiciéndolo y acompañándolo.

La canonización de Juan Diego el 31 de julio del 2002 en la ciudad de México hace que sobresalte el papel de María en la historia de la salvación. Ella además de haberle dado sentido y significado a la vida de Juan Diego, da sentido y significado a la vida de hombres y mujeres hoy día. Al reconocer la santidad de Juan Diego, reconozcamos al mismo tiempo su influencia en nuestras vidas. El amor de una madre anima al hijo o la hija a enfrentar los desafíos de la vida con fe y a confiar que la voluntad de Dios será más clara. Cuando una madre tiene un embarazo difícil puede pedirle a la Santísima Virgen que interceda por ella y que la ayude a tener un buen parto y un bebé sano. Cuando el bebé nació, ella y su esposo podrán ponerle el nombre de "María o Guadalupe" si es que fue una niña. El bebé es un visible recuerdo de la asistencia de la Santísima Virgen en tiempos de dificultad.

Al preguntarle a una madre que a cuál de sus hijos quiere más, ella responderá que a todos los quiere por igual. Aunque los hijos vienen en diferentes tallas y formas y con sus respectivas virtudes y defectos, su amor no está condicionado por las apariencias externas o por los éxitos o fracasos. En lugar de eso, su amor es una forma de agradecimiento por la vida que ella procreó y alimentó.

El amor de María de Nazaret desea que los hijos e hijas de Dios florezcan en algo hermoso, que traigan la unidad y la verdad al mundo. Su amor cree que la Buena Nueva de Jesús anima a que hombres y mujeres den testimonio del Reino de Dios con ejemplo de vida y con palabras. Su amor crea fuertes lazos de fe y amistad en medio de personas de diferentes razas. Ella se alegra y sufre por sus hijos que intentan llevar a Cristo al mundo así como ella una vez dio a luz a Jesús de Nazaret para el mundo.